Zhongguo Wenhua
Zhishi Duben

中国文化知识读本

主编 金开诚

编著 姜 华

吉林出版集团有限责任公司

吉林文史出版社

牛河梁遗址女神庙

图书在版编目（CIP）数据

牛河梁遗址女神庙 / 姜华编著 . —长春：吉林出
版集团有限责任公司：吉林文史出版社，2009.12（2022.1 重印）
（中国文化知识读本）
ISBN 978-7-5463-1938-4

Ⅰ . ①牛… Ⅱ . ①姜… Ⅲ . ①红山文化 – 文化遗址 –
朝阳市 Ⅳ . ① K878

中国版本图书馆 CIP 数据核字（2009）第 242580 号

牛河梁遗址女神庙

NIUHELIANG YIZHI NVSHENMIAO

主编／ 金开诚 　编著／姜华
责任编辑／曹恒　崔博华　责任校对／梁丹丹
装帧设计／曹恒　摄影／金诚　图片整理／王贝尔
出版发行/吉林文史出版社　吉林出版集团有限责任公司
地址/长春市人民大街4646号　邮编/130021
电话/0431-85618717　传真/0431-85618721
印刷/三河市金兆印刷装订有限公司
版次/2009 年 12 月第 1 版　2022 年 1 月第 3 次印刷
开本/650mm×960mm　1/16
印张/7.5 字数/30千
书号/ISBN 978-7-5463-1938-4
定价/34.80元

关于《中国文化知识读本》

文化是一种社会现象，是人类物质文明和精神文明有机融合的产物；同时又是一种历史现象，是社会的历史沉积。当今世界，随着经济全球化进程的加快，人们也越来越重视本民族的文化。我们只有加强对本民族文化的继承和创新，才能更好地弘扬民族精神，增强民族凝聚力。历史经验告诉我们，任何一个民族要想屹立于世界民族之林，必须具有自尊、自信、自强的民族意识。文化是维系一个民族生存和发展的强大动力。一个民族的存在依赖文化，文化的解体就是一个民族的消亡。

随着我国综合国力的日益强大，广大民众对重塑民族自尊心和自豪感的愿望日益迫切。作为民族大家庭中的一员，将源远流长、博大精深的中国文化继承并传播给广大群众，特别是青年一代，是我们出版人义不容辞的责任。

《中国文化知识读本》是由吉林出版集团有限责任公司和吉林文史出版社组织国内知名专家学者编写的一套旨在传播中华五千年优秀传统文化，提高全民文化修养的大型知识读本。该书在深入挖掘和整理中华优秀传统文化成果的同时，结合社会发展，注入了时代精神。书中优美生动的文字、简明通俗的语言、图文并茂的形式，把中国文化中的物态文化、制度文化、行为文化、精神文化等知识要点全面展示给读者。点点滴滴的文化知识仿佛繁星，组成了灿烂辉煌的中国文化的天穹。

希望本书能为弘扬中华五千年优秀传统文化、增强各民族团结、构建社会主义和谐社会尽一份绵薄之力，也坚信我们的中华民族一定能够早日实现伟大复兴！

目录

一　红山文化—改写中华文明史 001
二　牛河梁—红山文化之都 017
三　女神庙的发现 029
四　重现远古女神 041
五　神奇古玉 069
六　玉猪龙传说 085
七　龙的传人 099

文明史 一 红山文化——改写中华

1. 起源

内蒙古赤峰红山景观

红山文化是新石器时代晚期分布在内蒙古自治区东南部和辽宁省西部广阔地域内的先民们创造的一种农耕文化，因为1935年首次发现于内蒙古自治区和赤峰市郊的红山，故名。

内蒙古赤峰市东北郊区的红山，山体为暗红色花岗岩，赤峰由此而得名，红山文化的中心区域在朝阳市牛河梁。80年代初，牛河梁红山文化遗址群的发现，充分证实了五千五百多年前那里曾存在着一个具有国家雏形的原始社会。牛河梁红山文化遗址群被评为"中国20世纪100项考古大发现"之一，它的发现在中国考古学史上具有重大的科学价值和意义，在国内外产生了重大的社会影响。

经过多年的调查，红山文化的分布范围基本明确。其北界越过西拉木伦河，并有继续向内蒙古草原深入的趋势；东界越过医巫闾山，到达下辽河西岸；南界东段可达渤海沿岸，西段越燕山山脉到达华北平原；西界目前可确定在河北张家口地区桑干河上游。从现在的地域行政划分讲，红山文化的分布在内蒙古赤峰和辽宁朝阳

牛河梁遗址女神庙

两市区域内最为集中。

1983 年，考古专家们在牛河梁清理发掘时，发现了一个馒头状的红烧陶物。经过挖掘，发现牛河梁南侧竟有一座女神庙、数处积石大冢群以及面积约为四万平方米的类似城堡或方形广场的石砌围墙遗址，还有如下珍贵文物：女神头像、玉佩饰、石饰和大量供祭祀用的具有红山文化特征的陶器。

过去的观点一直认为黄河流域和长江流域是华夏历史的源头，红山文化只是一个分支或者是一种长城南北"混合文化"。可是随着红山玉器的进一步考订，红山文化遗址

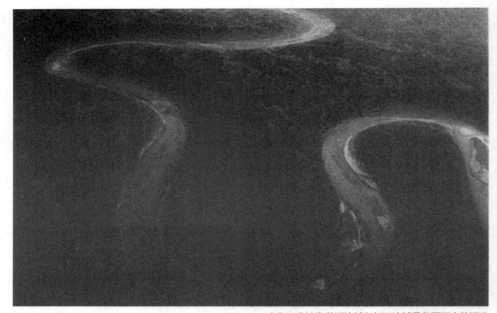

人们一直认为黄河流域和长江流域是华夏历史的源头

的大量发现，特别是东山嘴、牛河梁遗址的发现，考古界对红山文化有了一个全新的认识，把史前文化研究重点由黄河流域向北转移，认为红山文化在我国文明史上有着特殊的地位和作用，它具有中华 5000 年文明起源的性质。

2. 社会形态

红山文化的社会形态，据研究处于母系氏族社会的全盛时期，主要社会结构是以女性血

缘群体为纽带的部落集团。在经济形态上以农业为主,另外还夹带牧业、渔业、狩猎等。它的遗存以独具特征的彩陶与之字型纹陶器共存、且兼有细石器的新石器时代文化。红山文化是中原仰韶文化和北方草原文化在西辽河流域相碰撞而产生的富有生机和创造力的优秀文化,内涵十分丰富,手工业达到了很高的阶段,形成了极具特色的陶器装饰艺术和高度发展的制玉工艺。红山文化的彩陶多为泥质,以红陶黑彩见长,花纹十分丰富,造型生动朴实。玉器为磨制加工而成,表面光滑,晶莹明亮,极具神韵,并向专业化、

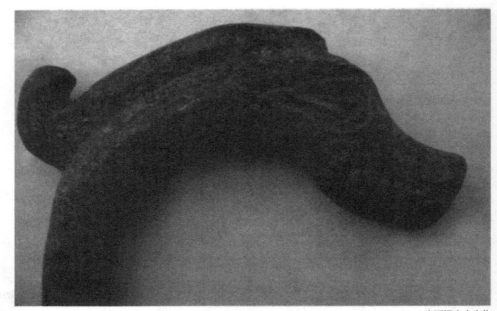

系统化、规范化方向发展。到目前为止，红山文化的玉器已出土近百件之多，其中大型碧玉猪首龙，周身卷曲，吻部高昂，毛发飘举，极富动感，是红山文化玉器的代表作，也是目前中国出土时代最早的龙形玉器，被誉为"天下第一龙"。因赤峰境内多有龙表玉器出土，故赤峰被称为龙的故乡，红山文化的先民应为龙的传人。

3. 考古发现

在 80 年代中期，考古专家们经过对辽西东山嘴——牛河梁红山文化女神神庙、祭坛、积石冢的发掘,终于取得了非常重要的成果。

　　喀左县东山嘴遗址坐落在山梁顶部中央,面向东南,向下面对开阔的大凌河河川。这里是一处用巨大石块堆砌而成的建筑物,呈南圆北方,中心两侧对称的形状,南部圆形祭坛旁出土的陶塑人像中,有在我国首次发现的女性裸体像。后期挖掘的一些陶器,由于其造型奇特,很明显并非人们的日常用具,据此判断,这应该是神圣的祭祀地所在。

　　另外在与喀左东山嘴相距只有三四十公里的凌源和建平两县的交界处,分布着规模宏大的红山文化遗址——牛河梁女神庙、祭

东山嘴遗址

红山文化——改写中华文化史

坛、积石冢群。牛河梁位于大凌河与老哈河之间，为东西走向的山梁，这里土地肥沃，地理环境优越，红山文化遗址密集，以高高在上的女神庙和广场的平台为中心，十几个积石冢环列周围，并和远方的猪头形山峰相呼应，形成了一个紧密相联的祭祀建筑群。在考古队员的努力下，女神庙已出土大量泥塑人像残块，在此可分辨出至少分属于六个人像个体，最小的和真人一般大小，主室出土的大鼻大耳几乎等于真人的三倍。其中有泥塑人体的上臂、手、乳房等，还有很多的泥塑禽兽残块，更有

牛河梁遗址一景

牛河梁遗址女神庙

彩绘庙室建筑构件、墙壁残块等，这些物件无不是杰出的艺术作品，而那些完整的人像头部，更是堪称雕塑佳作。因为其结构合理，五官比例适当，表情上更是形象逼真，栩栩如生。因此这些不仅是我国远古早期文明时期的艺术标志，也是炎黄子孙五千年前聪明才智的真切再现。这一用黄土塑造的祖先形象，对研究中华文明起源以及原始宗教都具非常重要的意义。在牛河梁第二地点，一坛四冢东西排列，间距不过几米，坛是以同心圆式的三圈淡红色石桩分三层叠起的大型祭坛。冢的结构复杂，形式各异，共同的地方是都有内外石墙，冢内若干石棺墓只随葬少许玉器。从墓的大小和随葬玉器多少来看，氏族成员等级分化已经很严格。在二号冢的中心大墓中，用加工非常整齐的巨石砌出一座墓柜，这种大墓往往筑于冢中心部位，上面再积石上土，形成高耸的山头，象征墓主人至高无上的地位。由此可见，红山文化坛、庙、冢，代表了已知的我国北方地区早期文化的最高水平。专家经过思考、研究发现，红山文化把中华文明起源史从四千年前提早到五千年前，把中华古国史从黄河流域扩大到燕山以北的西辽河流域。

5500 年前的发饰

牛河梁遗址出土的石刮削器

　　总之，红山文化有其基本内涵和特征。首先从生产工具可看出当时的经济状况。那时，磨制石器、打制石器和细石器三者共存。石器以大型石器如石斧、石锛、石耜为主，它们与砍伐、起土、垦荒有关，说明农业耕广而粗放。而打制石器、细石器与切割皮肉有关。红山文化遗址发现牛、羊、猪等家畜骨骼和野生鹿、獐等动物骨骼，说明狩猎、畜牧占很大比重。遗址分布区正处于草原森林向平原过渡的中间地带，经济类型属于综合性的。其次从居住地址

牛河梁遗址女神庙

看生活状况。居住遗址分布稀疏，位置在较高的山岗上，多在南坡，高出河床10—40米，文化堆积层薄，反映出当时的居住条件不够稳定。有的遗址群已有等级之分，小遗址群（4—5千平方米）环绕大遗址群（3—10万平方米）。大遗址群出土玉器等高级品，附近分布积石冢、陶窑区和玉器作坊，说明已形成中心聚落。房址多为方型半地穴式，并出土成套的生产工具和生活用具，说明独立性的社会单元已存在。最后从陶器特点看文化联系。红山文化的夹沙灰陶，多为圆筒器，形制简单，压印之字纹，我国整个东北地区

红山文化遗址

红山文化——改写中华文化史

还原红山文化时期的草屋

以至亚洲东北部都有这种陶器，可见它的共性。红山文化的泥质红陶多为钵碗盆类、瓮罐类，彩陶以黑彩为主，与我国黄河流域的仰韶陶器相近，都加饰压印之字纹，表明了红山文化和仰韶文化相互间的融合程度比较深。

这样看来，红山文化史是中原仰韶文化和北方草原文化在西辽河流域相结合而产生的，全面反映了我国北方地区新石器时代文化的特征和内涵。目前在临近地区发现了许多与赤峰红山遗址有着相似或者

牛河梁遗址女神庙

红山景观

相同文化特征的遗址，遍布辽宁西部地区，将近千处，其内涵丰富，拥有一大批造型生动别致的玉器，多和猪、龟、鸟、蝉、鱼等动物形象相像，随着对这批玉器的识别，考古家发现了红山文化中的大型玉龙是我国最早的龙之一。红山玉龙造型独特，工艺精湛，圆润剔透，生机勃勃，其身体上承载着一种神秘意味，更为其平添一层美感。

4. 历史地位

在中国浩繁的典籍中，人们一直视中华

俯瞰牛河梁遗址

文明史为上下五千年。然而从考古学角度看，其地下证据只能上溯至四千年前，而红山文化提供了前一千年文明史的实物证明，从秦始皇将中华大地以长城为分界划为南北两部分后，中原是中华民族的文明摇篮成了两千余年间不争的事实。红山文化的坛、庙、冢，代表了已知的我国北方地区史前文化的最高水平，专家们因而对中华文明起源史、中华古国史进行了新的思考和定位，把中华文明起源史的研究，从四千年前提早到五千年前；把中华古国

牛河梁遗址女神庙

史的研究，从黄河流域扩大到燕山以北的西辽河流域。红山文化向世人揭示了一直以荒蛮称世的中国北方也是华夏文明的发祥地，红山文化用其灿烂的远古文明，验证并扭转了中国人千百年来的思维定势。

红山文化在中国新石器时代文化中有着最高的发展水平，这是一个不争的事实。祭坛、女神庙、大型方台、金字塔式巨型建筑、特点鲜明的积石冢群以及成组出土的玉质礼器，这一切充分说明五千年前的红山文化中已出现了基于原始公社的氏族部落制度，又凌驾于公社之上的更高一级的组织形式。红

还原红山文化时期人们生活情景

从女神庙遥望猪山

红山文化在我国文明史上具有举足轻重的
地位

牛河梁遗址女神庙

山文化的发现证实了我们中华民族的五千年文明史，在中华文明史上具有举足轻重的作用，是中华文明的新曙光！

二 牛河梁——红山文化之都

1. 地理风貌

牛河梁红山文化遗址位于辽宁省凌源市与建平县交界处，因牤牛河源自山梁东麓而得名，呈半山地半丘陵地貌。这里有座努鲁儿虎山脉，在凌源市与建昌县及河北省平泉县、宽城县、青龙县、内蒙古宁城县的交界处，形成了一个巨大的"山结"。在这个"山结"的周围，生成了青龙河、大凌河、老哈河三条辽西的主要河流及众多支流。虽为山区，但并不闭塞。101国道、锦承铁路贯穿其间。整个遗址置于万亩松林丛中，冬夏常青，空气清新，环境幽雅，

牛河梁遗址风光

牛河梁遗址女神庙

依然存有原始风貌。正是大山大河的养育，使这里诞生了中华第一个文明古国。

2. 发现过程

牛河梁遗址中的十六地点，是一个神秘的台地，位于凌源市凌北镇三官甸子村下河汤村民组西北约1公里的山顶附近。多年来，这处丘陵台地一直引人注目。附近村民们都说，这里起初是耕地，可只要翻动松软的泥土，里面就会莫名其妙地露出大小石块、陶片。台地上本是没有石头的，据老人们讲，这里没有住过人，可地下为什么会有类似盆碗碟的陶片呢？这些红色并有彩绘图案的陶片是什么器物的碎片呢？朴实的村民们不解，一个个神奇的故事便在人们的猜测中传播开来。直到1979年辽宁省文物普查时，才首次揭开台地神秘的面纱，它原来是红山文化的遗址——城子山遗址。1979年，考古工作者在台地地表上首次发现了红山文化和夏家店下层文化的遗存。发现红山时期的房屋一座，墓葬三座，出土红山玉器十一件，并在山顶南西北三面均发现了石墙遗迹。沉寂了五千年后的遗址再次引起世人的关注。

红山文化时期的陶器

牛河梁遗址出土的文物

牛河梁遗址

1981年，牛河梁遗址被发现。遗址坐落在辽西山区一处曼延十余公里的多道山梁上。在五十平方公里范围内连绵起伏的山岗上，随着积石冢、女神庙、大型祭坛等的发掘，考古专家们发现，它的布局安排和现在北京的天坛、太庙和十三陵有许多相似之处，红山文化真正引起世人的瞩目。由此可见，在五千年前，这里存在着的原始部落群体就已经具有了国家雏形。这一考古新发现对中国上古时期的社会发展史、思想史、宗教史、建筑史和美术史

牛河梁遗址女神庙

等的研究都产生了巨大影响。在遗址中出土的文物，以女神头像最为珍贵。遗址中出土的玉雕猪龙、玉雕鸮鸟（俗称猫头鹰）等，造型都极为古朴神似，令人叹为观止。

牛河梁遗址位于努鲁儿虎山脉腹地，居于大凌河与老哈河之间，为多道东西走向的山梁。牛河梁遗址群是由祭坛、女神庙、积石冢群组成的规模宏大的祭祀性礼仪性建筑群。这个遗址群，规模宏大，气势雄伟，已形成坛、庙、冢三位一体的完整而严密的组合，出土的女神塑像和玉器规格甚高。在方圆有致的积石冢内，以大墓为

俯瞰牛河梁遗址

牛河梁——"红山文化之都"

俯瞰女神庙遗址

中心将墓葬分为若干等级，随葬品只有玉器。以写实又神化的猪龙、熊龙、凤鸟、龟等动物形玉饰，上下贯通的马蹄状玉箍和装饰着随光线变化而若隐若现花纹的勾云形玉佩为主要类型，它们与竖立在积石冢上成排的彩陶筒形器都是墓主人用以通神的工具。这些积石冢位于山冈之巅又层层迭起，具有后世帝王山陵的景观，充分显示出中心大墓主人"一人独尊"的身份和地位，他们是宗教主，也是"王者"。坐落在主梁顶上的女神庙供奉着围绕主神的女神群像，一般与真人同大，位于主室

牛河梁遗址女神庙

红山文化时期的聚落遗迹

中心的大鼻大耳竟为真人的三倍。神像以真人为依据塑成，比例适中又极富表情，权威人士认为"她是红山人的女祖，也就是中华民族的共祖"。显然，这样一处规模庞大，组合超群的祭祖圣地，不会是一个民族或部落所能拥有，而是为整个文化共同体所共有。牛河梁正处于红山文化分布区的中心地带，是该文化高层次的一个群聚落中心，把它作为中华五千年文明的一个象征是当之无愧的。所以在1988年即被定为国家级重点文物保护单位，划定了五十六平方公里多的保护范围对遗址群实行整体保

牛河梁——"红山文化之都"

护，该保护范围直至目前仍为全国最大。

牛河梁作为一个古代宗教祭祀场所，上百平方公里范围内都不见有任何居住的遗址，这表明当时的牛河梁祭祀遗址群的级别已不再是家庭祭祀，而是远离生活住地专门营建的独立庙宇、庙区和陵墓区，是一个专门供人们祭祀的规模宏大的祭祀中心。另外，牛河梁遗址处于整个红山文化遗址分布区的中心部位，这种特殊的地理位置，显然与充分发挥和延伸对周围地区的控制力和凝聚力有很大关系。其实，牛河梁遗址就是红山文化中最高层次的中心聚落，应该是整个红山文化举行祭祀礼仪

牛河梁遗址规模宏大的圆形祭坛

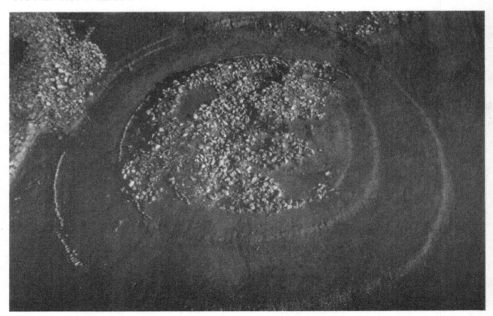

牛河梁遗址女神庙

的公共活动中心，具有了"国都"的性质。显然，这样一个高等级的祭祀群已经远远超出了一个氏族或部落的范围，而是红山文化这样一个文化共同体对共同的先祖进行崇拜的圣地。所以，牛河梁遗址说明红山文化已达到形成当时最高层次的中心聚落的水平，是跨进古国阶段的又一重要标志。

在距今五千年前的史前时期，渔猎经济的生活方式培养出开放而不封闭的文化形态，辽西地区的红山文化具有这些基本文化特征，属于东北文化区。同时这里又是东北与中原最为邻近的地区，所以又是东北文化区与中原文化区接触与交流的前沿地带。中原仰韶文化与红山文化发展阶段同步或大体同步，两者文化关系密切，交流是双向和相互影响的。另外据专家分析，它源于关中盆地的仰韶文化的一个支系，即以玫瑰花图案彩陶盆为主要特征的庙底沟类型，是源于辽西走廊遍及燕山以北西辽河和大凌河流域的红山文化的一个支系，即以龙形（包括鳞纹）图案彩陶和刻画纹陶的瓮罐为主要特征的红山后类型，这两个出自母体文化而比其他支系有更强生命力的优生支系一南一北各自向外延伸到更广、更远的扩散面。它们终于在

红山文化时期人们狩猎时的情景

牛河梁——"红山文化之都"

河北省的西北部相遇，然后在辽西的大凌河上游重合，产生了以龙纹和花纹相结合的彩陶图案为主要特征的新的文化群体。这个群体的活动中心范围既不在北方草原的牧区，又远离农业占绝对优势的关中盆地，而是燕山以北的努鲁儿虎山地区，或者说，大凌河与老哈河上游宜农宜牧的交错地带。这里多种经济充分发展，相互补充营造出繁荣昌盛局面，才得以发出照亮中华大地的第一道文明曙光。

3. 考古价值

牛河梁遗址自 1981 年被发现以来，国内外对此都非常关注，国务院有关专家和外国学者纷纷前来考察研究，最后得出牛河梁遗址是中华文明的见证，具有较高的研究价值。五千多年前的大型祭坛、女神庙和积石冢群址的发现，为夏代以前的"三皇五帝"传说找到了实物依据，把中华文明史确凿地提前了一千多年，也为中国上古时代社会发展史、思想史、宗教史、建筑史、美术史的研究，添上了浓墨重彩的一笔。

在中国人传统观念中，中华文明从黄河的摇篮里孕育出来，然后再传至华夏各

牛河梁遗址的发现引起了国内广泛的关注

牛河梁遗址女神庙

中华文明的发源地黄河

地。而红山文化的重大考古发现，为中华文明的多元起源说提供了证据。牛河梁是五千年前的"古文化、古国、古城"之所在，是中华五千年古国的象征。它的出现，不愧为"中华文明史新曙光"。牛河梁遗址不仅是中华民族史前圣地，也是世界文明中心之一。联合国教科文组织和世界银行组织也几次派人评估，并委托英国剑桥大学的专家们现场考察，向联合国写出了将牛河梁遗址列入世

牛河梁红山文化遗址

界遗产名录的申请，还制订出保护、发掘、修复牛河梁遗址的总体规划，准备将它建设成红山文化遗址博物苑和自然历史公园。世人都在关注着神圣的牛河梁——"东方金字塔"！

牛河梁遗址女神庙

三　女神庙的发现

牛河梁遗址位于辽宁省西部凌源、建平两县的交界处

1. 女神庙遗址的地理位置

　　牛河梁遗址位于辽宁省西部凌源和建平两县的交界处，居于大凌河、老哈河之间，是延展于努鲁儿虎山谷的三道黄土山梁，牛河梁呈半山地半丘陵地貌，海拔600—650米，它的主梁顶部东西宽，南北窄，北高南低，呈南北走向。这里有红山文化的十几个遗迹点，有祭祀遗址和墓葬群遗址，女神庙遗址就在其中，考古专家对此进行了发掘考证。

2. 女神庙在红山文化中的位置

　　1983 年秋季，牛河梁女神庙被发现。
1984 年，经国家文物局批准，考古工作者对
女神庙进行了正式发掘。尽管女神庙的出土
是人们翘首以待的事情，但当它真的被挖掘
出来的时候，其建筑遗存的完好程度、结构
的复杂性，尤其是女神像的规模和精湛的雕
塑技艺还是令人叹为观止。

　　女神庙遗址位于牛河梁主梁北山丘顶
部，是整个红山文化遗址的中心，他的位置
非常高，在山丘的顶部有一个平台形地，大

红山文化玉器以岫岩玉为主

女神庙的发现

约南北最长有175米，东西最宽处有159米，在其地表零散着红陶片和红烧土块，经初步试掘，在其边缘发现了几段"石墙"。在平台北有一处东西长大约13米、宽5米的红烧土块分布，并出土了大型泥塑人耳，由于科技水平的不足，当年只是对女神庙进行局部试掘，之后掩上黄土，遗址保存至今。

3. 女神庙介绍

女神庙由一个单室和一个多室两组建筑物组成。单室在南，为附属性建筑，多室在北，南北长18米，东西宽7米，结构上也比较复杂，包含一个主室和几个相

女神像出土地

牛河梁遗址女神庙

牛河梁遗址出土的玉猪龙

互连接的侧室、前后室等，为土木结构。在人们对多室建筑主室西侧表层进行了试发掘后，出土了人物塑像的头、肩、乳房、手等残片和玉猪龙等文物，后期对单室的发掘中发现，其为半地穴式结构，室内堆积的红烧土块与其他土质明显有很大差别。另外在发掘中得知，其墙壁是原木的骨架，经结扎禾草把、敷泥和表面压光处理而成，在表面彩绘赭红色相间、黄白色交错的图纹图案。庙内堆满了人和动物的塑像，而且人像残块均

为女性形象，形体有大有小，有一尊基本接近真人大小的彩绘女神头像，头高22.5厘米，面宽16.5厘米，出土之时仍旧鲜艳耀眼。

女神庙遗址

从对女神庙的初步发掘结果可看出其建筑形制和结构均很复杂，建筑设计和施工都已经达到了很高的程度。顶部、墙体采用木架草筋，内外敷泥、压光、彩绘，有的还用火烧烤，主建筑除了中心主室，又向外分许多小室，形成一个有中心、多单元、对称且富有变化的殿堂雏形，庙为半地穴式土木结构，现保存的地下部分深0.8-1米。从地下部分与地上部分交接处保留的弧形墙面观察，墙壁地下部分竖直，地面上呈拱形升起。从南单室四边成排分布的碳化木柱痕分析，地上原立有木柱，柱内侧贴成束的禾草，再涂抹草拌泥土形成墙面，墙面上做出多种规格的仿木条带，多为方形带，宽4-8厘米不等。从现有的标本看，以方木条为横木，与之相交的立木为圆木柱，其间以仿椎卯式相接。墙面为多层，为便于层层粘合，内层墙面上常做出密集的圆洞，密布如蜂窝状。墙面还有用朱、白两色相间绘出的几何形勾连回字纹图案，线条皆为宽带的直线和折线，并以两两相对的折线纹为一组。虽较为简单，却应为国内目前所见时代最早的壁画，这些建筑对后期我国祠堂庙宇的研究提供了珍贵的资料。庙的半地穴部分堆满遗物，其中除多种塌落的墙面、屋顶等建筑残件处，主要有人物塑像、动物塑像和陶祭器。

人物塑像是庙内的主要部分。经试掘，已在主室、东西侧室和南室发现了人物塑像残件。可辨认出形状的有上臂部、腿部、颈肩部、乳房、手部、眼球、大约分属于七个个体。都为粗泥胎，外表细泥质，打磨光滑。有的表面涂朱或有彩绘，它们都不同程度地表现出女性特征。以规模大小可分为三类。第一类为主室中央发现的一残鼻头和一大耳，从质地、大小看它们同属于一个个体，大小相当于真人的三倍。第二类为在西侧室清理出的手臂和腿部，均相当于真人的两倍。第三类为在主室发现的相当于真人大小的人塑残件，有右肩部、肩臂部、乳房和左手。

动物塑像可辨认的有龙形和鸟形残件各两件。龙形残件分属两个个体，一个个体发现于主体堆积上部，龙头向北正卧、有扁圆形鼻孔，吻上眼睛部分犹存。睛为泥塑，上下颚间獠牙毕露，体躯巨大，双

牛河梁出土的文物

牛河梁遗址女神庙
036

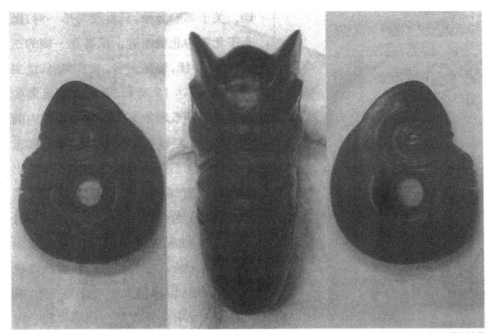

足前伸，为中趾爪，侧二趾稍短。另一个体发现于南单室内，只有下颚部分，为彩塑，长颚涂朱，硕大的獠牙绘成白色。以上两种动物塑像的原形在牛河梁遗址发掘简报中称为猪龙。经专家观察研究，认为应为熊龙更为贴切。关于鸟形塑像，只发现鸟爪一对，出土于北室的北壁附近。爪各存一侧的二趾，弯曲并拢，每趾三节，关节突出，趾尖锐利，长度达15厘米，似一大型猛禽如鹰一类的趾爪形象。

目前出土的陶祭器有四种。一为镂孔彩陶祭器，泥质红陶，泥质纯正而甚坚硬，壁厚达两厘米，红地黑彩，图案为宽条带组成的几何形状，条带十分规整，有长方形镂孔，此彩陶镂孔祭器形制特异，规格甚大，其腹径达一米以上，堪称"彩陶王"。二为敛口盆，有短圆唇，鼓甚厚，饰压印条纹和之字纹，壁甚厚，体形甚大。三为薰炉器盖，细泥红褐陶质，形似倒置的豆，盖体作折盆式，大宽沿和折腹外的白棱直而锐，盖面饰细密的之字形压印点纹，间有四组长条状镂孔，盖柄细长，有大喇叭状把端。此器盖质地坚硬，形体规整。四

牛河梁母神像

牛河梁遗址女神庙

为小型圆形盖式器，形貌如覆钵，出土四件，大小形状完全相同。

　　牛河梁女神庙是考古发现的中国最早的神殿，而其中女神庙里的女神像，更是炎黄子孙第一次见到的五千年前由泥土塑造出来的祖先形象。在当时，辽宁省博物馆的摄影师首次把女神头像重见天日的辉煌一瞬抢入镜头，当时照片以"五千年后的历史性会面"为题，刊登于国内外大小报刊，引起强烈反响。

　　在女神庙四周，环绕而建于各个山头的

牛河梁遗址

女神庙的发现

灰陶

是许多积石冢和祭坛。其实所谓积石冢，就是用石板搭建的坟墓，墓室、墓盖、墓底、墓界都用石板，祭坛则是积石冢的附属建筑设施，这与华北、中原地区新石器时代以土坑为主的墓葬形制完全相通。另外，纵观牛河梁的所有遗址，我们也会发现，每一处积石冢都是小墓围绕大墓，四周又砌筑石墙来为框界定，大墓上面积石封土，形成高耸的山头。由此可见，五千年前红山文化的古人已形成了阶级的雏形。

牛河梁出土文物

牛河梁遗址女神庙

四　重现远古女神

1. "女神"的渊源

女神庙的发现，不仅引起了学术界的强烈震撼，而且也导致了人们对于中国文明起源的探讨和研究。考古专家们发现，牛河梁的许多发现都和古代传说中的女娲故事有关。

牛河梁"女神"是五千年前的红山人在模拟真人的基础之上塑造出来的女神祖先，女神庙很可能就是红山古国对女娲的一种回忆、一种崇拜。我们知道，女娲是中国古代神话中最伟大的女神，是中国上古神话中的创世女神。传说女娲用黄土仿

牛河梁鸟瞰图

牛河梁遗址女神庙

牛河梁遗址出土的灰陶

照自己创造了人，创造了人类社会。又替人类建立了婚姻制度，使青年男女相互婚配，繁衍后代，因此被传为婚姻女神，是被民间广泛而又长久崇拜的创世神和始祖神。传说盘古开辟了天地，用身躯造出日月星辰、山川草木。那残留在天地间的浊气慢慢化作虫鱼鸟兽，替这死寂的世界增添了生气。

这时，有一位女神女娲，在这莽莽的原野上行走。她放眼四望，山岭起伏，江河奔流，丛林茂密，草木争辉，天上百鸟飞鸣，地上群兽奔驰，水中鱼儿嬉戏，草中虫豸跳跃，

牛河梁遗址出土的面涂红彩的泥塑女神

重现远古女神

夕阳下的牛河梁景观

这世界按说也点缀得相当美丽了。但是她总觉得有一种说不出的寂寞，孤寂感越来越强烈，连自己也弄不清楚这是为什么。

与山川草木诉说心中的烦躁，山川草木根本不懂她的话；对虫鱼鸟兽倾吐心事，虫鱼鸟兽哪能了解她的苦恼。她颓然坐在一个池塘旁边，茫然看着池塘中自己的影子。忽然一片树叶飘落池中，静止的池水泛起了小小的涟漪，使她的影子也微微晃动起来。她突然觉得心头的结解开了，为什么她会有那种说不出的孤寂感？原来是世界上缺少一种像她一样的生物。

想到这儿，她马上用手在池边挖了些

泥土，和上水，照着自己的影子捏了起来。

捏着捏着，就捏成了一个小小的东西，模样与女娲差不多，也有五官七窍，两手两脚。捏好后往地上一放，小东西居然活了起来。女娲一见，满心欢喜，接着又捏了许多。她把这些小东西叫做"人"。

这些"人"是仿照神的模样造出来的，气概举动自然与别的生物不同，居然会叽叽喳喳讲起和女娲一样的话来。他们在女娲身旁欢呼雀跃了一阵，慢慢走散了。

女娲那寂寞的心一下子热乎起来，她想把世界变得热热闹闹，让世界到处都有她亲手造出来的人，于是她不停工作，捏了一个又一个。但是世界毕竟太大了，她工作了很久，双手都捏得麻木了，捏出的小人分布在大地上仍然太稀少。她想这样下去不行，就顺手从附近折下一条藤蔓，伸入泥潭，沾上泥浆向地上挥洒。结果点点泥浆变成一个个小人，与用手捏成的模样相似，这一来速度就快多了。女娲见新方法奏了效，越洒越起劲，大地就到处都有了人。

女娲在大地上造出许多人来，心中很高兴，寂寞感一扫而空。她觉得很累了，要休息一下，就到四处走走，看看那些人生活得

女娲塑像

重现远古女神

女娲补天像

红山文化——女神眼睛

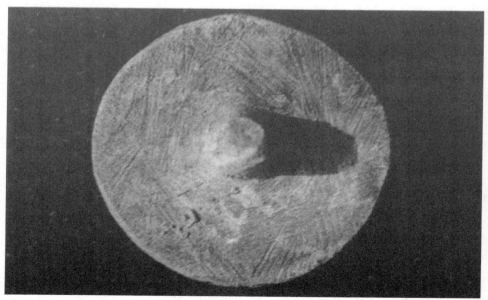

牛河梁遗址女神庙

怎样。

　　一天，她走到一处，见人烟稀少，十分奇怪，俯身仔细察看，见地上躺着不少小人，动也不动，她用手拨弄，也不见动静。原来，这是她最初造出来的小人，此时已头发雪白，寿终正寝了。

　　女娲见了这种情形，心中暗暗着急，她想到自己辛辛苦苦造人，人却不断衰老死亡。这样下去，若要使世界上一直有人，岂不是要永远不停地制造？这总不是办法。

　　结果女娲参照世上万物传宗接代的方法，叫人类也男女配合，繁衍后代。因为人是仿神的生物，不能与禽兽同等，所以她又建立了婚姻制度，使之有别于禽兽乱交。后世人就把女娲奉为"神媒"。由此就有了女娲造人的故事。这里可以看出人作为万物主宰的自豪感，那么作为古人用女娲来塑造女神形象也就可想而知了。

在上古社会，女神象征着生育，象征着大地，也象征着收获，更象征着民族生命力的延续。为此，女神受到广泛崇拜。正因为如此，女性雕塑从旧石器时代晚期到青铜器时代早期，在欧非大陆以至中南美洲的古遗址和古墓葬中普遍有所发现，并一直被社会历史研究者和物质文化史研

还原红山文化时期的景象

牛河梁遗址女神庙

还原红山文化时期的景象

究者摆在首要位置进行研究。唯在中国发现
甚少，仅有的材料都属小型，塑造简略，而
且多是器物上的附件或以附饰形式而出现
的。至于女性塑像，更是缺少典型而明确的
标本。直到 20 世纪 70 年代，红山文化的发
现及牛河梁遗址女神塑像的发现，以确凿的
考古资料证实，中国上古时期，不但有女性
塑像，而且是完美的女神崇拜形象。在中国
上古社会宗教意识形态中，女神崇拜同样占
有主导地位。

还原红山文化时期的茅草屋

2. 意外惊喜

在考古队员的精心观察研究的基础上，在1983年秋季的一个黄昏，夕阳的余晖将牛河梁染得一片赤红，北梁上的几个考古队员经过了一天的劳累，仍然是一无所获，而在本山的两侧都已经有了红山文化墓地在1970年的考古发现，按照常识，史前文化的墓地从来都不是孤立的，总是与建筑遗迹相伴，除非它已在漫长的历史岁月中被人为的或是自然的因素彻底破坏。北山地势高于牛河梁的其他山梁，这样一座大型平整的山台极似人工所为，然而，没有陶器、石器等遗物的发现作为佐证，考古学者是不能为其贸然下结论的。

这时天色开始渐渐地暗了下来，考古队员们开始收拾物品准备下山，一位考古队员来到旁边的一处冲水沟小解，就在他小解的时候，脚下一块像石头又非石头的物件引起了他的注意，他弯腰拾起，定睛一看，心里不禁一阵狂跳，天哪，原来，这是一件人像雕塑的鼻子！

一次不经意的发现轰动世界考古界的牛河梁"女神庙"遗址就在这一次不经意的解手中被发现了。后来，在正式发掘中出土的女神头像正好缺少一个鼻子，把最初发现的那个鼻子

还原红山文化时期人们劳动的景象

重现远古女神

安放上去，不偏不倚，不大不小，恰好属于一个个体。牛河梁红山文化女神庙是中国首次发现的远古神殿，其遗址中文化内涵与宗教遗存的丰富程度都是任何其他遗址所无法比拟的。它的发现，对中国史前宗教及文明起源的研究都有着非同寻常的意义。同时，一场关于中国文明起源的讨论热潮也因牛河梁遗址的发现而开始了对女神的寻找，大家迫不及待地在发现以上两个陶片的地方开始试掘，表土去掉，露出了一座由主室、左右侧室、北室、南室三室联为一体的多室布局的房屋，房屋为半地穴式，从炭化的木柱，被烧流的陶器

还原红山文化时期人们的劳动景象

牛河梁遗址女神庙

分析，它是被一场大火烧毁的，上部分全部坍塌，只保存了地下部分。考古工作者仅动了一下表面，出土的文物就令人眼花缭乱，仿木的建筑构件、壁画、陶祭器、相当于真人3倍的残耳和残鼻。那么，有没有较完整的塑像呢？

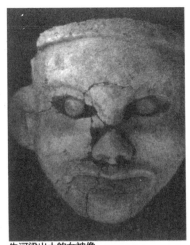

牛河梁出土的女神像

3. 再现女神

1983年的秋季，在考古队员的潜心发掘下，一个人的面部轮廓开始在地底下显现出来，一个在地下深深埋藏了五千年的女神，终于露出了真面貌。这尊头像出土时平卧于圆形室西侧，头向东北，面略向西。头像除发顶、左耳、下唇有残缺外，面部整体保存完整。头像现存高22.5厘米，鼻宽4厘米，耳长7.5厘米，耳宽3.5厘米，嘴长8.5厘米，唇高2—2.5厘米。塑泥为黄土质，掺草禾一类物，未经烧制。内胎泥质较粗，捏塑的各部位则用细泥，外皮打磨光滑，颜面呈鲜红色，唇部涂朱。头的后半部分断缺，但较平齐，似为贴附于墙壁所致。在头后断裂面的中部可见扎禾草的痕迹，此应为塑像时所用"骨架"。头像为方圆形扁脸，颧骨突起，眼斜立，上眼皮特别是眼内角有较多的赘皮，眉弓不显，鼻梁低而短，圆鼻头，鼻底平，无鼻沟，上唇长而薄，这些都有蒙古人种的特征。头像除写实外，更有相当丰富而细微的表情流露。上唇外龇，富于动感，嘴角圆而上翘，额顶发迹平直起棱，鬓角齐整，容颜端庄而又不失高贵。女神头像高度写实，造型逼真，她的脸形为方圆形，颧骨突起，眼稍微上挑，双眼中镶嵌着两块经过抛光处理的青色圆形玉片，这种材质的眼珠在五千年后仍然炯炯有神，从而活化

岩画馆内展示的牛河梁母神仿品

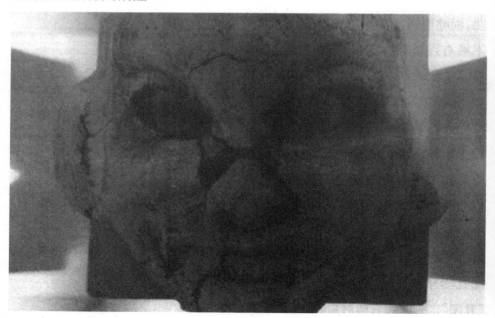

牛河梁遗址女神庙

出一个极富生命力的女神。整个面部的艺术刻画比例协调，造型健美柔和，又追求内蕴神态和情感流露。据说这个头像体现的是蒙古利亚人种，与现在的华北人脸形相似。

女神用坦然而又镇定的目光，默默地注视着 5000 年以后的人们，面对着考古队员惊讶的神情，她带着些许神秘和一丝若有若无的微笑。由于女神庙位于山林之中，地表生长的松树树根已经扎到了女神的面部，使女神面部出现了裂痕。女神庙长 22 米，宽

牛河梁遗址出土的文物

重现远古女神

5.3 米左右，室内有巨大塑像群，有的人像相当真人大小，有的为真人的 1 — 2 倍，以玉石镶睛，形态逼真而又达到神化。室内发现的女神头像是女神庙中成群排列塑像中的一件珍品。当年人们发现秦始皇兵马俑的时候是极度兴奋的，因为人们看到了我国封建社会的第一个艺术高峰的杰作，那此时的牛河梁"女神庙"群像就可以看作是我国黎明曙光出现时的文明，是当时艺术高峰的再现。

另外在女神庙周围千余米范围内的山梁上分布有大型积石冢群，冢群中心是大墓，周围有许多陪葬的小墓，墓内随葬有

女神庙遗址大型祭坛

牛河梁遗址女神庙

大件精美玉器，其中玉雕猪龙、玉雕鸮鸟等，
造型古朴，令人叹为观止。同时，在红山文
化的诸多遗址中，也发现了女神像。内蒙古
赤峰西水泉红山文化遗址，1963 年出土一件
小型陶塑妇女像，头部残缺，残高 3.8 厘米，
泥质褐陶，捏塑而成，胸前突起乳房，腰部
较 细，下半身呈喇叭座状。80 年代初期，
辽宁喀左东山嘴一处距今约 5400 年前的红
山文化祭祀遗址，出土若干陶塑女裸像，小
型立像残高 5—5.8 厘米，大型坐像相当真人

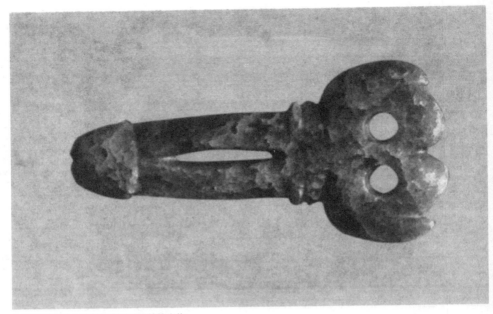

牛河梁遗址出土的男性生殖器形状的文物

的 1/2，头部皆残缺，躯体具有孕妇特征。1983 年 10 月，在辽宁省建平、凌源二县交界处的牛河梁，发现又一处红山文化祭祀遗址，推测原来是一座女神庙，出土一件面涂红彩的泥塑女神头像，头高 22.5 厘米，面宽 16.5 厘米，形体与真人相当，额上塑一圈突起的圆箍状饰，眼睛用淡青色圆饼状玉片制成，整个头像呈扬眉注目、掀动嘴唇的说话形状，颇有几分神秘的格调，塑工细腻生动。附近还发现人像的肩、手、臂膀、女性乳房等泥塑残块。有迹象表明：在神殿主室中心，原先塑有型体更

牛河梁遗址女神庙

大的女神像。据初步研究，它们是生育神和农神（地母神）的象征，同时也是母权制遗风的体现。牛河梁女神头像具有很强的艺术表现能力，揭示了中国原始社会雕塑辉煌的新篇章。

目前，牛河梁女神庙遗址已被列为全国五大考古发现之一，国内考古权威称它为"海内孤本"，现已定为国家级重点文物保护单位。女神庙位于牛河梁顶上，是整个遗址群的中心位置。庙内供奉着一尊大型女神头像，被专家们誉为"东方的维纳斯"。我们知道，

牛河梁红山文化遗址

重现远古女神

西方维纳斯因残缺了手臂成了残缺美的典范。而这尊"东方的维纳斯"则没了脖子以及脖子以下所有的部位。这显然有一个好处，那就是能够把人们所有审美和探究的目光全部集中于她的面部，让人们有幸去细细揣摩她的容貌。

4. 活现女神

女神头像出土了，那么对于她原来的模样人们翘首以待。2008年4月初，朝阳市旅游局召开了一次特殊的座谈会，邀请中国刑警学院教授赵成文复原牛河梁女神。这一消息引起了很多媒体和考古爱好者的

牛河梁遗址出土的文物

牛河梁遗址女神庙

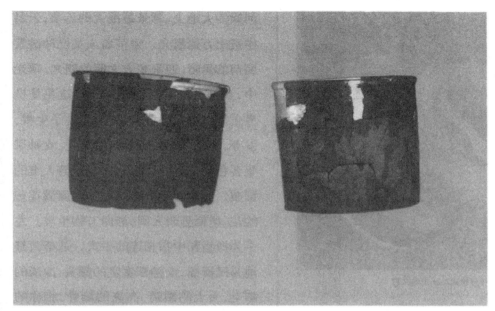

关注。赵成文是中国刑警学院首席教授、著名刑事相貌专家、痕迹考古学家，曾先后成功复原过长沙马王堆女尸、《西游记》作者吴承恩、楼兰美女、清代香妃等古人的相貌。这次复原女神，虽说是经验丰富，但仍感压力很大，因为东方女神是受到国人关注、世界瞩目的。为此，他倾注了全部的心血。他与弟子们三下朝阳现场考察，与有关同志座谈；天天上网查阅有关资料；跑沈阳，到北京，进图书馆，进大专院校，虚心向有关专

牛河梁遗址出土的文物

家请教。拍了无数张照片，做了上千张图片，反复斟酌精心制作。功夫不负有心人，大神相貌于2008年6月16日圆满制作完成，17日通过媒体面世，展示了中华母祖，东方女神的本来面貌。复原的女神端坐在牛河梁的大地上，背景是漫天的云朵，云层中透出万道霞光，象征着人类已冲破黎明前的黑暗，迎来东方文明的曙光。曙光中，女神盘腿而坐，头带花环，这花是世界上第一朵花播撒的种子，这种子生根、发芽、开花，五颜六色，万紫千红。女神采集各色花朵，编织为头饰，象征着人类的繁荣和昌盛。女神右手拿着一支绿中缀满花蕊的花，把爱洒向人间、洒向万物生灵。左手为拇指和中指相连的手式，祭天祭地为民祈福。女神那宽宽的额头、浓浓的眉毛、大大的眼睛、高高的颧骨、相称的耳朵、上翘的嘴角、略带微笑的面庞……多么庄重慈祥，对后人充满寄托、充满希望、充满祝福。女神那隆起而略下垂的乳房、突出的腹部，象征着人类的生育，象征着民族的延续。这就是5000年前远古先民崇拜的中华母祖——东方女神。

牛河梁遗址女神庙

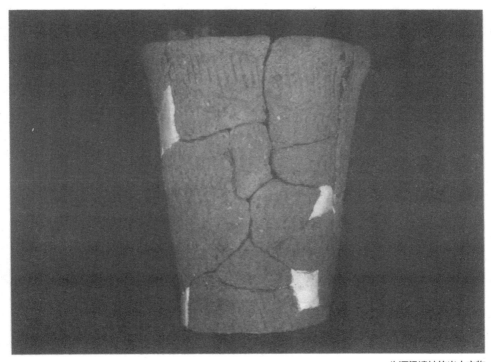

5. 女神崇拜

女神是人类的一种对偶像的崇拜，是在人类进入父系氏族社会初期对先祖的崇拜，我们知道人类从产生语言、意识、思维起便开始了对自身及周围世界的认识。一方面自然界给人类提供了阳光雨露、土地森林、衣食住行等各种生存条件。另一方面毒蛇猛兽、地震火灾、旱涝虫瘟等等都在无情地威胁甚至摧毁着人类的生命和家园。结果造成人类对无常的自然现象的迷惑不解。久思而不得其解，人类便逐渐对自然物和自然力产生了

还原红山文化时期的狩猎景象

敬畏感、依赖感和神秘感，以为万物万象背后都有一个主宰，其能力无穷，可以给人类赐福，也可以给人类降祸，它们是自然的神灵，只有对它们顶礼膜拜，才能得到他们的保佑，这就是人类最早的自然崇拜。根据神话传说、文献记载、考古资料可知，我国最初的自然崇拜的神灵有日月星辰、风雨雷电、山川湖泊、动物植物等。随着生产力的发展，人类的思维也活跃起来，开始有意识地思考人类自身来源问题。原始先民虽然也是通过男女交合来繁衍后代，但人类最初的繁衍却是自然神恩赐的，即女性是受到自然神的感应而生育的。这种自然神就是生活中的动物和植物。在"只知其母"的母

牛河梁遗址女神庙

系氏族社会里，认为是其祖母受某种动物和植物感应而繁育了本氏族。那么，这种动物或植物就是本氏族的"祖先"。这种所谓的"祖先"就与本氏族有了血缘关系。因此，具有血缘关系的氏族，就共同崇拜同一种动物或植物，逐渐地这种被崇拜的动物或植物，就成为这个氏族的族徽，人类也从自然崇拜演变到了图腾崇拜。初步产生时，图腾的形象与自然形态极为相近，即图腾形象是羊、虎，那么，氏族人就崇拜实实在在的羊、虎。图腾崇拜的鼎盛时期，强化了祖先意识，从而形成了"兽的拟人化"形象，图腾的形象开始从动物模样演变到半人半兽的图腾神物。

女神像侧面

远古时代中国最早的两位神祇伏羲和女娲就是人首蛇身。《山海经》中所描绘的"龙首人身怪""人面虎身怪"等半人半兽，均是图腾的化身。随着人类对自然控制力的增强，对动植物的认识也有了提高。人们从畏惧、屈从和崇拜动植物，发展到驯养动物，栽培植物。可以说生产力的飞跃，带来了人们观念的飞跃。他们不再把图腾视为祖先，而认知了氏族的先辈就是自己的祖先；也不再崇拜具体的图腾，而是在直接崇拜的基础上加上逐渐形成的对生殖崇拜的传宗接代意识和血缘氏族的寻根意识的逐渐增强。传宗接代是氏族发展的根本，统一的祖源是巩固氏族团结、稳定氏族社会的关键。这种社会的需求，要求人们必须对先祖进行纪念和崇拜。在"知其母而不知其父"的母系氏族社会，包括父系氏族社会的初期，人们崇拜的祖先只能是女性。而随着父系社会的发展，男权得到了强化，人们崇拜的祖先也就深化为男性了。这些被先民崇拜的女性、男性就是我们后人崇拜的始祖。牛河梁遗址中发现的女神庙是红山先民部族集团的宗庙，是红山先民祭拜先祖的圣地。而女神庙出土

牛河梁遗址女神庙

的女神像正是红山先民祭拜的女始祖。可以想象，在祭祀的日子里，居住在周围的红山部族先民从四面八方聚集在女神庙北侧4万平方米的广场上，在大巫的统一号令下，举行盛大的祭祀仪式，那是何等的庄严和壮观。女神端坐神庙，微笑着接受子民的膜拜，又是何等的尊贵与神圣。在中国的大地上，红山先民们从远古的自然崇拜，演化为进步的图腾崇拜，从图腾崇拜又逐渐发展成文明的祖先崇拜，这是经济发展的必然，是意识形态领域的飞跃。正是这一飞跃，带来了社会

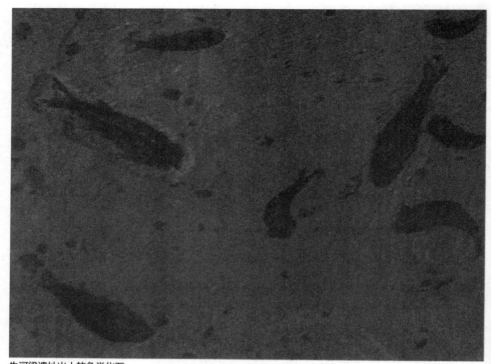

牛河梁遗址出土的鱼类化石

的变革，带来了文明的曙光。因此，红山先民才集聚一堂，庄严而虔诚地祭拜为他们赐福的女祖。这个伟大的女祖是红山先民部族集团的母祖，也应该是中华民族的母祖。因为到目前为止，这是我国发现的最早的模拟真人塑造的母祖像。正如中国考古学会理事长苏秉琦先生所说："'女神'是五千五百年前的红山人模拟真人塑造的神像（或女祖像）而不是由后人想象创造的'神'，她是红山人的女祖，也就是中华民族的共祖。"

牛河梁遗址女神庙

五　神奇古玉

1. 玉文化

中国玉文化世代传承。玉纳天地之灵气，采日月之精华，他代表着吉祥、富贵，更有无穷的美好寓意，世人经常以玉来自喻，可以说他是高尚情操的象征。人们常说：黄金有价玉无价。所以有了"口中含玉，一诺千金"的说法。中国人把玉称为天地精气的结晶，作为人神心灵沟通的中介物，这样玉就有了不同寻常的象征意义。如果你去细细品味就会发现，在我们中国人的眼里，玉器是一种与众不同的东西，玉器已经超越了自然物质的范畴，成了一种精神寄托和一种精神境界的标志。

牛河梁遗址出土的玉器

牛河梁遗址女神庙

红山文化时期的玉鹤

2. 红山特色玉

红山文化的墓葬有一独特之处，即只随葬玉器。牛河梁的1号冢是出土玉器数量最多的墓葬之一，但就是在这样一座随葬品如此丰富的墓中，竟无新石器时代墓葬中普遍随葬的陶器。郭大顺先生在对红山文化已发现的墓葬及随葬

红山文化时期的联体玉璧

品情况做了统计分析之后，得出了红山文化具有"唯玉为葬"的特征的结论。红山文化的玉器可分为三类：一为斧、凿、锛、铲、刀等工具和兵器；二为动物雕塑，如龙、虎、龟、蝉、熊等；三类可暂称为"饰品"，是被赋予了一定意义的具有某种特定形状的器物，如勾形玉佩、连环饰、琮、箍、璧、环、璜等。红山文化中的墓葬玉器除了常见的玉镯、玉箍、玉璧等外，还有比较特别的玉龙、玉龟、玉凤、玉人。而其中最为夺目的亮点就是玉猪龙。根据

牛河梁遗址女神庙

考古发现，在牛河梁第四号墓葬里，埋葬的除了一只枕于头下的玉箍形器之外，另外两件随葬品都是珍贵的玉猪龙。两只玉猪龙安放在人体胸腔，一大一小，大的10厘米左右，小的充其量6-7厘米，一绿一白，绿的晶莹清澈，白的泛着微黄，两只玉猪龙头朝下，背靠着背而眠的样子，通体胖嘟嘟的，头部肥大，支楞着饱满的双耳，嘴和鼻梁都有活灵活现的褶纹，两只圆圆的大眼睛微微凸起，其神态非常像女神庙对面的玉猪首山。

红山文化玉器鱼形石坠

红山文化墓葬中往往有成批的玉器出土，这些玉器一般个体都较小，且有对穿孔，被认为是佩饰（或祭祀用具），其中各种动物类的玉饰雕琢尤为精细，如玉龟、鱼形石坠、玉鸟、双龙首玉璜、玉猪龙等。这件玉猪龙肥首大耳，圆睛怒睁，眼周有皱纹，吻部前突，也有多道皱纹，口微张，獠牙外露，背部卷曲如环，是猪首龙身相集合的形态。这类玉器不应仅仅被视为佩饰，而应是代表某种等级和权力的祭祀礼器。玉猪龙整体呈"C"形，口微张，兽首肥大，双耳竖立，吻部前突，鼻尖以阴刻线饰多道皱纹，背部对穿双孔。在出土和传世的此类器物中，绝大部分已发表的同形器高均在15厘米以下。

该器对研究和认识红山文化玉器具有重要价值。"玉猪龙"体肥，有的嘴与尾相连，有的嘴尾断开，蜷曲成"C"形，像人的耳朵，是猪与蛇形象的融合。因为它与玉玦的造型相似，因此民国时有人称"兽形玦"。

另外，一些专家提出了"熊龙"一说，认为从"玦"形龙的嘴部形状分析，似乎和熊的嘴部比较接近。这一说法既新鲜又不无道理，更主要的是，如果"玦"形龙真的是熊龙，那么就和黄帝被称作"有熊氏"的传说暗合。这些专家认为，玉猪龙不像

红山文化玉器

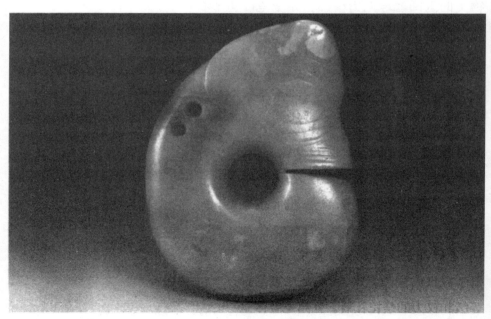

牛河梁遗址女神庙

猪不像龙却像熊，因为在发现玉兽形的地方
有熊崇拜的风俗，又曾有熊图腾。原因是：
红山古玉中有"丫形器"，有人认为是玉兽
形的一种变体。其模样是两耳耸立，看上去
像熊。猪的耳朵虽大却耷拉下垂，而熊则耳
朵耸立而有神韵，不仅会站立而且会行走。
与器形相比较，熊直立时似"丫形器"，蹲
下时似玉兽形。其次，红山文化地域博大，
特别是在东北地区，历史上确有熊崇拜的风
俗。鄂温克族萨满教是原始宗教的一种晚期
形式，图腾上的熊被尊为祖先熊，为该教的

牛河梁遗址出土的红山文化玉器

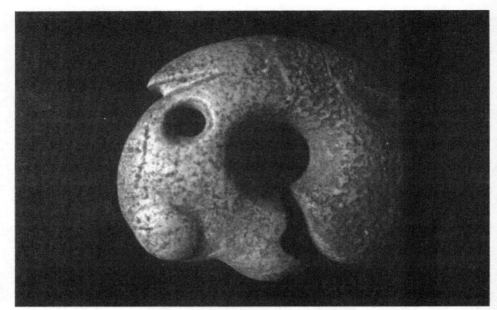

守护神。此外，在祭礼仪式中，还有隆重的祭熊和风葬仪式。鄂伦春族也是一个熊崇拜的民族，他们称公熊为"合克"（祖父），称母熊为"恶我"（祖母），猎熊时假托别人所为，把杀死熊的刀说成没有刃口的钝刀，把熊的死说成睡觉，吃熊肉时学乌鸦叫，送葬时还需哭泣致哀，并再三祷求熊的保佑。另外，在东北地区民间传说中，有许多与熊崇拜相关的故事。如一母熊将幼熊一撕为二，一爿依然是熊，另一爿则成为鄂伦春人的祖先。又传说，一猎人打杀了一只熊，后来发现居然是失踪多年的妻子，以证熊就是人的化身。

红山文化出土玉器中还有一类非常典型的器物，它们成中空的"管状马蹄形"，从出土情况来看，这一类玉器大多出自红山文化的墓葬之中，其中在辽宁省建平县的牛河梁红山文化遗址"女神庙"附近的墓葬中多有发现。由于它成管状，有"通灵之意"，应该是原始宗教中沟通天地的通神之物。根据专家所说，红山文化马蹄形玉器与当时古代居民的原始宗教有关。由于马蹄形玉器呈筒状，有"通灵之意"，是原始宗教中沟通天地的通神之器。这种玉器名叫玉凤，为淡青色玉，局部夹杂灰白色沁与瑕，扁薄片状，正面雕琢凤体，羽毛以阴线刻画，整体雕刻非常精细。

距今六千五百年至五千年前的红山文化时期，燕辽地区，山地、丘陵、湖泊和河流交错纵横，有利于候鸟的生存繁殖与迁徙。今天赤峰市克什克腾旗的达里诺尔湖，还被称作"天鹅湖"，每年十月中旬，在这里栖息的天鹅最多时可达五六万只。红山文化先民们对天鹅情有独钟，是因为天鹅不仅可以常常见到，而且还代表着幸福和吉祥。玉凤用自然界中的天鹅来具象写实，表达了红山先民们追求幸福生活的美好愿望。

玉龟是红山玉器中的另一种，那么，五千多年前的红山先民，为什么要手握玉龟入葬呢？在中国古代，乌龟作为一种神圣的灵物而受到人们崇拜，它被看做是祥瑞之物，跟龙、凤、麟三者并称为"四神"。我们从古籍中得知：龟一千年生毛，五千岁谓之神龟，寿万年曰灵龟。这样看来乌龟应该是象征长寿的代表物。而五千年前的红山先民，则希望他们能够像龟一样长

牛河梁遗址出土的红山文化玉龟

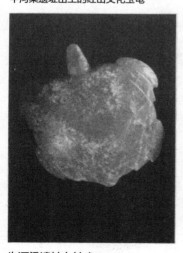

牛河梁遗址女神庙

红山文化的动物造型玉雕

寿，像龟一样不受侵害。由此可见，玉龟已经成为红山文化的典型玉器。在此后人们还发现了玉雕熊龙，玉雕熊龙有望解黄帝传说谜团。

多年来，包括黄帝祖籍在内的有关传说只见于古籍记载，均无考古实证。近年，红山文化考古玉雕熊龙的发现，为古籍中包括黄帝祖籍在内的有关传说提供了重要实证。

夏以前的"五帝时代"因无史料，只能凭借传说推测。在这些传说中，黄帝的

牛河梁遗址出土红山文化玉器

传说最为引人关注。

　　传说黄帝为中原各族共同祖先，本姓公孙，号轩辕氏，又号有熊氏。相传当时，神农氏后代道德衰微，部落间常"龙战于野"，但神农氏无力征服他们。在这种情况下，轩辕就不得不动用军力去征讨他们。当时，炎帝想凌驾于各部落之上，常扰乱各部落。于是，各部落就拥戴轩辕为领袖，与炎帝作战。后轩辕在阪泉（今河北涿鹿东南）打败炎帝。之后，四方部落尊崇轩辕做天子，代替神农氏，这就是黄帝。传说黄帝死后，由孙子高阳即位，就是颛顼。颛顼死后，由重孙高辛即位，就是帝喾。帝喾死后，由其子帝挚即位。帝挚即位后，发现能力不如弟弟放勋，就把帝位给了放勋，这就是帝尧。尧传位舜，舜传禹，禹建夏朝。古书中有关黄帝传说的记载还有许多，如驯化鸟兽昆虫等。然而，这些传说一直缺乏实证。但随着辽河流域红山文化考古的不断深入，特别是玉雕熊龙的发现，使黄帝的一些传说有了依据。

牛河梁遗址出土文物

牛河梁遗址女神庙

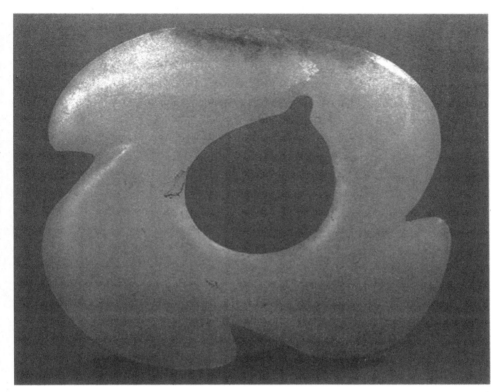

3. 红山玉的历史地位

根据有关研究成果，对至高神"上帝"的崇拜观念并非发生在商代，而是在史前时代就已出现。巫是人神之间沟通的使者，红山文化随葬有众多玉器的主人或许正是这样的巫。玉器乃是巫师代表人奉献给神的礼物，同时又通过玉器来表示神的存在，即"以玉示神"。巫师在与至上神沟通时还要用一些有灵性的动物作为自己通神的助手，那些动

牛河梁遗址出土的灰陶

牛河梁遗址出土的双联玉璧

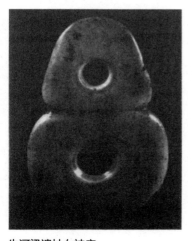

物玉雕以及神女庙中的动物塑像正是这样一种观念的展现。

红山文化出土的多种形态的玉器充分说明在当时已经有了非常大的天然玉器体系。

牛河梁遗址女神庙

084

六　玉猪龙传说

1. 玉猪龙

红山特色之中国"玉猪龙"，又叫"玉兽龙"，最早发现于辽宁省的建平县内，学术界为其取名曾有过一段争论。有人认为是猪，有人认为是龙，在没有结论的情况下才定名为玉兽形，"玉猪龙"是俗称。还有叫"猪母龙""猪嘴龙""龙胎"的，不一而足。

龙的起源有各种说法，有云变说、闪电

玉猪龙

牛河梁遗址女神庙

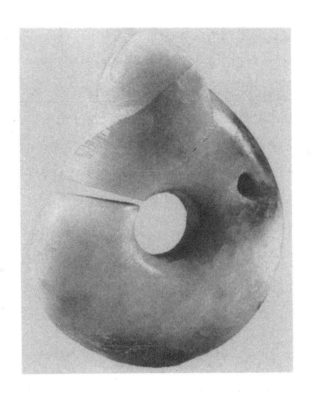

变说、蛇变说、牛变说、马变说、鳄变说、鱼变说、蜥蜴变说、海马变说等等，但更多的是"猪变说"。在众多红山文化玉龙中，玉猪龙是红山文化龙形玉器的典型代表，在红山文化分布区域内多有出土，采集品和传世品也较多。从已经公开发表的玉器图录来看，包括国内外的公私收藏，起码有三十多件。

一般来说，原始人的崇拜物大多来自于某种自然界客观存在的动植物，而原始艺术大多是对自然物的一种模仿。龙在自然界是不存在的，那么玉猪龙的原型究竟为何物，说法不一。

由于玉猪龙的头部明显具有猪的特征，又因为在红山文化遗址中发现了猪的骸骨，有的还排列整齐，其中既有野猪也有家猪，所以大多数人认为玉猪龙的原型可能是猪。持这种观点的人认为，猪是史前时代东北地区重要的随葬品，这种丧葬仪式只有在社会已经把猪作为财富的象征时才能出现。红山文化的先民们在自己的生活中，经历了从狩猎野猪到豢养家猪的漫长历史过程。在捕捉野猪的过程中，一定受过野猪的伤害，因此惊畏野猪的凶猛和暴烈。出于崇

牛河梁遗址出土的玉猪龙龙首

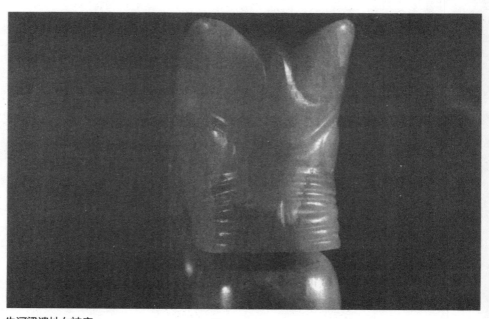

牛河梁遗址女神庙

敬以及希望获得野猪的力量心理，故雕塑野猪的形象。随着时间的推移，人类开始把猪的形象理想化，所雕野猪的形象被拉长了躯体，开始向龙的形象演变，逐渐成为部落的图腾，并把它作为沟通部落内部联系和增强内部凝聚力的纽带。这样，就出现了猪首龙神像这样的雕塑。

红山文化玉猪龙的原型，很可能是猪的

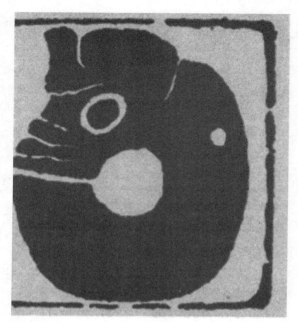
玉猪龙印章

早期胚胎。在东山嘴红山文化遗址中，曾经发现大量的猪骨，在兴隆沟遗址发现了十五个野猪头和两个鹿头。在红山文化长达几千余年的历史长河中，红山先民在屠宰过程中完全可能发现不同阶段的猪的胚胎，它们对于这种生命的演变还不可能作出科学的解释，只是怀着敬畏之情来观察这种变化并将其神化，然后在自己的艺术

牛河梁遗址女神庙

创作中雕凿这些神灵之物，最终以自己的非
凡想象力将其升华为龙。这有一定的道理，
凡读过生物进化论的人都知道，包括人类在
内，所有脊椎动物的早期胚胎在外形上都很
相似，全都长着一个大大的脑袋和蜷曲有尾
的身子。这恰好与玉猪龙的形态相吻合，其
中尤以猪的早期胚胎与玉猪龙最为相近。红
山的先民从事渔猎和畜牧，能够接触到猪的

胚胎当在情理之中。或许他们早就发现人与猪的早期胚胎十分相似，因而产生出一种人猪共祖的图腾概念，进而把猪的胚胎作为一种代表其祖先神灵的图腾物来加以崇拜。

考古学家认为，在辽河流域出土的玉龙形象，证明了龙是多种动物的结合体，而且确知这些动物原型中有猪、鹿、熊和鸟。它们相互影响，相互结合，经过人们不断地艺术加工、提炼，最终定型。

经反复研究红山文化玉器龙的形象，有学者认为，猪在龙的演变过程中，至少

红山文化的玉猪龙

牛河梁遗址女神庙

占有十分重要的一席之地。猪，最早出现在四千万年前。强健的野猪生性暴躁，喜好单独行动，敢于与狮、虎争斗，且能时常占得上风。即使现代猎人也常用"一猪二熊三虎"来形容它们的凶悍。古人还有"狼奔豕突"的说法，可见野猪之勇猛。尽管红山原始氏族人同样具有神兽般凶悍善斗的性格，但对于比自己强大而凶猛的动物仍具有畏惧心理，并且由畏惧衍生出崇拜。对于远古的氏族社会的人来说，动物或者象征神器的物品都是有灵魂的。红山文化玉猪龙就是原始氏族人出于对猪既敬畏又向往的情感，用抽

红山文化的碧玉龙与玉猪龙

玉猪龙传说

象夸大的变形艺术手法创造的巫灵崇拜物。它既非对自然物的摹写，也不是众多物象的简单拼合，而是进行了大胆的取舍、夸张，创造出的一种崭新的艺术形象。作为敬神器物，它寄寓了原始氏族人心灵许愿的内涵，使用者便是拥有崇高权力地位的神化了的人。所以玉猪龙的形象，实质上是半兽半神的动物崇拜物。

2. 独特的用途

红山文化玉器

牛河梁遗址女神庙

　　每个玉猪龙的背部都有一个到两个对钻的圆孔，这样似乎可以作为饰物系绳佩挂。从出土时成对的位于死者胸前的情况看，用作佩饰的可能性非常大。但是高度达到15厘米以上的大型玉猪龙，从他的重量和形体大小来看已经不适合佩戴了。据此许多研究人员认为，玉猪龙不仅仅是一种饰物，更是一种神器，一种红山先民所崇拜、代表祖先神灵的图腾物。

　　在众多的红山文化玉龙中，玉猪龙是红山文化龙形玉器的典型代表，在红山文

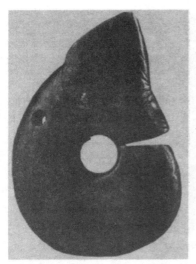

红山文化的玉猪龙

化分布区域内多有出土，采集品和传世品也较多。从已经公开发表的玉器图录来看，这些猪形玉器，十分写实，基本保留了猪的形象，形制大体相同，身体蜷曲，头部似猪，竖耳圆眼，吻部前突，前端并列双圆鼻孔，口微张，露出獠牙，鼻梁上带有明显的皱纹，以阴刻线表现眼圈、皱纹，首尾相连或断开，器体厚重，造型粗犷，中央的环孔光滑，背部有一两个可穿绳系挂的孔。有人说，首尾相连的玉猪龙脱胎于玉环，最初它的边缘是锋锐的，用来刮兽毛，后来像石斧一样演变成一种祭神礼器。

牛河梁遗址女神庙

七 龙的传人

玉雕龙

1. 中华第一龙

　　1987 年在位于河南省濮阳县城西水坡仰韶文化遗址发现"中华第一龙"。在一个墓室中部的壮年男性骨架的左右两侧，有用蚌壳精心摆塑的龙虎图案，龙图案身长 1.78 米，高 0.67 米，昂首、弓身、长尾，前爪扒、后爪蹬，状腾飞。虎图案身长 1.39 米，高 0.63 米。虎头微低，圜目圆睁，张口露齿，虎尾下摆，四肢交替，如行走状，形如下山之猛虎。墓主人的两侧用蚌壳精

牛河梁遗址女神庙

心摆塑的龙虎图案，被考古学者验定为"中华第一龙"。

俗话说中国文化有"上下五千年"，随着红山玉龙的问世，这样有着六千年历史的"中华第一龙"，见证了中华民族为龙的子孙的事实。那么象征着中华民族的神龙标志——红山玉龙，是如何发现的呢？

1971年内蒙古自治区翁牛特旗三星他拉的村民在植树造林的时候，在距离地表面50厘米的地方，无意间发现了一件玉龙，经过

专家们研究证明，最后鉴定此玉龙为红山文化的遗物。这件玉龙为所知道的红山玉龙中最大的一件，

此玉龙由墨绿色软玉雕琢而成，高26厘米，重1000克，通体磨光，龙身蜷曲呈现"C"字形，因此被命名为C形玉雕龙。吻部前伸，上面有两个小眼作为鼻孔，眼为梭子形，颈部起长鬃，呈弧形向后背飘动。龙背上有一个小孔如系绳悬挂，龙的首尾正好在一条水平线上。此龙遒劲有力，俊逸神奇，神采飘扬，给人一种向上腾飞的感觉。

甘肃博物馆馆藏红陶三足鸟形器

牛河梁遗址女神庙

西水坡遗址

　　红山出土的这件 C 形玉雕龙无足、无爪、无角、无鳞、无鳍，它代表了早期中国龙的形象。赤峰发现玉雕龙的消息传遍了全世界，渴望了解玉雕龙的人们，把探询的目光投向红山，而关于龙的原型的讨论也因此开展起来。最后据考证，他的形体作弯钩状，可称作"勾龙"。另外有一些学者认为，此"C"字形玉龙的头部具有猪的特征，特别是玉龙颈后部被误认为是猪鬃，因此而将它看做是红山玉猪龙的一种变体。其实只要稍微观察细致点，就能发现两者有很多不同的地方。

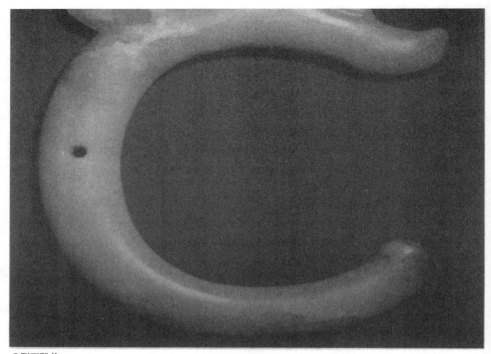

C 型玉雕龙

玉猪龙的眼是圆形的，而"C"字形玉龙的眼为细长的梭子形；玉猪龙头部有两只竖立的大耳，而"C"字龙的头部根本看不见耳朵，最主要的是"C"字龙颈后部的长鬃直立而且很坚硬，而玉猪龙颈后部的长鬃翻卷飞扬，但可以说颈后有鬃可以看做是龙的固有特征。

近些年来，此类"C"字龙形玉龙在内蒙古地区屡屡发现，但是其形体大小不一，但是形制和工艺等基本上是相同的。说明早在五千年前的红山文化时期，龙就

牛河梁遗址女神庙

已经成为了中华民族祖先的一种图腾物标志。

2. 中华龙史

　　玉龙显然是红山文化玉雕中最夺目的亮点，其独特而精美的器形以及众多的出土数量使它成为红山文化出土玉器中最具代表性的器物种类。同时，"龙的起源"这一流行多年的热点问题又因红山龙的出土而再度升温。由此可见，玉龙，作为红山文化中的代表文物，也作为中国远古"龙"的代表，

龙的传人

中国龙

在"龙文化"史上也占据着非常重要的地位。

夏、商和周这三个时代是中国古代文明的发展成熟阶段。史料记载这三代王室的祖先都是黄帝的直系子孙，夏朝有黄龙图腾，在古代的大禹治水中，黄龙曾经协助夏王朝的始祖大禹治水，平定水灾。商朝是我国青铜器文化发展的高峰期，龙的

牛河梁遗址女神庙

龙戏珠

形象在制作精美的青铜器和玉器上大量出现，龙文化得到了空前的发展和传播。

到了秦汉以后，龙被封建帝王用作自身的象征。秦始皇就曾经被司马迁称之为"祖龙"，而汉高祖刘邦，更是我国历史上第一个将自己的身世和龙联系到一起的黄帝。从此以后，历代黄帝都把自己称之为"真龙天

牛河梁遗址

子", 把自己的子孙称之为"龙子龙孙"。

而在民间, 龙也曾被看做是一种吉祥动物, 成为具有悠久传统的十二生肖之一, 他自始至终都得到了老百姓的喜欢和崇拜, 舞龙舟、舞龙灯也一直是中国人逢年过节长盛不衰的庆祝活动。这样源远流长的龙文化也已经成为中华文化的源头之一了。

牛河梁遗址女神庙